I0843221